NATIONAL GEOGRAPHIC

Explorando cavernas

EDICIÓN PATHFINDER

Por Glen Phelan

CONTENIDO

Hacia la luz. *Un explorador de cavernas sube desde las profundidades de Lechuguilla, una caverna en Nuevo México.*

Extrañas y maravillosas cavernas

Las cavernas pueden parecer silenciosas y tranquilas, pero están llenas de movimiento.

--- Por Glen Phelan ---

Las cavernas son mucho más que cámaras y túneles. Son hábitats asombrosos. Allí viven ranas, salamandras, serpientes y muchos otros animales.

El agua esculpe la caverna antes de que los animales se muden allí. Fluyendo lentamente, va desgastando, o **erosionando** las rocas; en especial la piedra caliza. El agua talla túneles y cámaras en la piedra caliza.

El agua sigue modificando la caverna. Las gotas de agua de lluvia arrastran partículas de roca. Cuando las gotas se evaporan, dejan esas partículas.

Gota a gota y partícula a partícula, aumenta la cantidad de piedra caliza. Las partículas crean formaciones peculiares llamadas **estalactitas** (esta LAK titas) y **estalagmitas** (esta LAG mitas). A veces las estalactitas y estalagmitas se unen. Cuando eso sucede, se forma una columna.

Gato de las cavernas. *Los gatos monteses son unas de las tantas criaturas que puedes encontrar en la entrada de una caverna. Estos animales disfrutan el aire fresco de las cavernas y se resguardan allí del clima.*

Vida en el bajo mundo

A medida que el agua forma túneles y cámaras, muchos animales van a vivir allí. Una única caverna puede albergar a más de 100 tipos de animales diferentes.

Sin embargo, pocas plantas echan raíces dentro de las cavernas. Esto se debe a que la mayoría de las plantas necesita mucha luz solar para elaborar su propio alimento. La luz es un elemento que escasea en la mayoría de las cavernas.

Los animales pueden subsistir con mucha menos luz que las plantas. De hecho, algunos animales precisan muy poca luz para sobrevivir. Las cavernas son el hogar perfecto para estas criaturas.

Los habitantes de las cavernas, o **trogloditas**, se ven en todas partes. Algunos viven cerca de la entrada. Otros corretean por los túneles oscuros. Incluso hay otros que viven en las cámaras más profundas. Cada parte de una caverna forma un hábitat único. Distintos animales viven en cada uno de esos hábitats.

Hacia la oscuridad

El área que rodea el acceso a una caverna se llama zona de entrada. Muchos animales — desde serpientes hasta gatos monteses — andan por allí. Es particularmente popular en los días calurosos del verano. El aire fresco de la caverna resulta agradable para estos animales.

La mayoría de ellos pasa tan solo algunos ratos en la caverna. Fundamentalmente, viven sobre la superficie. Esto no es así en el caso de los animales que viven en las cavidades más profundas de la caverna. Ellos pasan más tiempo bajo tierra. Viven en la zona de penumbra.

La zona de penumbra se ubica más allá de la entrada de la caverna. La luz solar apenas alcanza esa zona. La luz es tenue y el aire es fresco.

Esta zona resulta el hogar perfecto para algunos animales. Grillos, arañas y caracoles viven en el suelo y las paredes. Las golondrinas comunes hacen nidos en las paredes. Los cangrejos y peces caverna nadan en las lagunas subterráneas.

Sin embargo, más allá de la zona de penumbra, se ubica un área todavía más oscura: la zona oscura.

Serpiente de cascabel del bosque

Cangrejo escalofriante. *Como muchos otros habitantes de las cavernas, este cangrejo blanco como un fantasma es ciego.*

Bajo la tierra. *Los murciélagos son probablemente los habitantes de la caverna más conocidos. Este murciélago fantasma vive en Australia.*

Oscuro y profundo

La zona oscura hace honor a su nombre. La luz solar nunca llega tan profundo dentro de la caverna. El aire siempre está frío, húmedo y viciado. La mayoría de los animales no podría sobrevivir allí. Pero otros no podrían vivir en ningún otro lugar.

A primera vista, los habitantes de la zona oscura se parecen a otros trogloditas. Hay grillos, peces y arañas. Pero observemos más de cerca.

Estos animales están especialmente adaptados a la vida en la zona oscura. Muchos son blancos como un fantasma. La mayoría son ciegos.

Agua sucia

Ubicada en la profundidad, la zona oscura puede parecer aislada de la vida cotidiana. Sin embargo, lo que hacemos en la superficie afecta a las cavernas y a los animales que viven en ellas.

Por ejemplo, el agua contaminada puede filtrarse dentro de una caverna. La contaminación puede destruir las bellas formaciones rocosas de la caverna, y matar a muchos trogloditas.

Una caverna demora millones de años en formarse. Lleva años que los animales decidan mudarse allí y adaptarse a estos hábitats únicos. En cambio, es mucho más rápido y fácil destruir una caverna y dañar a sus habitantes que crear una nueva caverna. ¿Quién iba a pensar que el mundo subterráneo era tan frágil?

¿Cómo pueden una caverna y sus animales afectar a los hábitats que se encuentran sobre la superficie?

Vocabulario

erosionar: desgastar

estalactita: formación rocosa que cuelga del techo de una caverna

estalagmita: formación rocosa que surge del suelo de una caverna

troglodita: animal o persona que vive en una caverna

Explora una caverna

El agua de un arroyo penetra por un tipo de roca llamada piedra caliza para formar una caverna.

Una cámara es una gran habitación.

Las estalagmitas emergen del suelo de la caverna. Las gotas de agua dejan partículas de piedra caliza sobre el suelo.

Un pasadizo es un túnel tallado por el agua a través de la piedra caliza.

El agua que fluye puede parecer inofensiva, pero es muy poderosa. Con el transcurrir del tiempo, los ácidos del agua erosionan la piedra caliza. La piedra caliza se forma a partir de los esqueletos de criaturas marinas que vivieron hace millones de años. Los ácidos disuelven la piedra caliza creando largos túneles e inmensas cámaras que forman una caverna. El diagrama muestra algunas de las asombrosas formaciones rocosas que puede crear el agua.

La piedra caliza está compuesta por los esqueletos de millones de pequeñas criaturas marinas. Se disuelve fácilmente.

Las estalactitas cuelgan del techo de una caverna. Se forman cuando el agua se evapora, dejando partículas de piedra caliza.

Una columna se forma al unirse una estalactita con una estalagmita.

Conviértete en un ast
explorador d

Viaje subterráneo
Las herramientas adecuadas y una atenta planificación permiten a las personas disfrutar de las atracciones de una caverna.

to
e cavernas

Explorar una caverna es una excelente oportunidad para ver un asombroso mundo subterráneo. Pero la exploración de cavernas puede ser peligrosa. A continuación encontrarás algunos datos que todos los exploradores de cavernas deben conocer.

Escoge la caverna correcta. Algunas cavernas pueden explorarse haciendo un paseo corto y fácil. Otras cavernas requieren mayor destreza. Para visitarlas, hay que meterse a través de estrechos pasadizos y trepar paredes empinadas y húmedas. Escoge una caverna que se adapte a tu nivel de destreza.

Estate preparado. Consigue un permiso o una autorización para ingresar a la caverna. Luego, lleva las herramientas adecuadas. Si la caverna tiene senderos amplios y llanos, solo necesitas un mapa y un buen par de botas. Pero para escalar paredes de cavernas, es necesario un equipo y entrenamiento especiales.

No te desvíes del camino. Las cavernas son entornos frágiles. Tocar o pisar formaciones rocosas, como las estalagmitas, puede dañarlas. Así que asegúrate de permanecer en el camino.

Diviértete. Las cavernas están llenas de belleza y misterio. Así que aprovecha al máximo tu viaje de exploración. Planifica con atención y prepara cuidadosamente tu equipaje. Reúne todo el equipo necesario. Lleva a un amigo para mayor seguridad. Y no te olvides, ¡disfruta la aventura!

Herramientas para la exploración de cavernas

Los buenos exploradores de cavernas usan estas herramientas profesionales para explorar.

Brújula *Una brújula ayuda a los exploradores de cavernas a encontrar el camino por los serpenteantes pasadizos.*

Botas. *Los exploradores de cavernas necesitan botas resistentes que no resbalen sobre el suelo húmedo.*

Casco. *Los exploradores de cavernas usan casco para proteger la cabeza.*

Mosquetón. *Un mosquetón es una anilla metálica especial que los exploradores de cavernas usan por seguridad. Se engancha fácilmente a las cuerdas.*

Cuerda. *Los exploradores de cavernas usan cuerdas para escalar paredes empinadas.*

Una caverna oculta

Salón de piedra.
Dentro de las Cavernas de Carlsbad, en Nuevo México, las estalactitas cuelgan del techo y las estalagmitas se elevan desde el suelo.

Las cavernas pueden ser lugares divertidos para explorar. Pero algunas cavernas son tan frágiles e importantes que solo los científicos pueden entrar. Es el caso de la caverna Lechuguilla, en Nuevo México. Esta caverna fue descubierta en 1986. Hasta entonces, había estado completamente aislada de la superficie exterior.

Observando las profundidades de la Tierra

Lechuguilla es la caverna más profunda de los Estados Unidos. Sus túneles se sumergen más de 1600 pies por debajo del suelo. Además es la tercera caverna más grande de los Estados Unidos. Sus pasadizos serpenteantes se extienden por aproximadamente 100 millas. Lechuguilla es un raro hallazgo para los científicos. La mayoría de las cavernas se crean a medida que el agua va colándose por las rocas. Lechuguilla se formó de abajo hacia arriba. Fue tallada por ácidos en ebullición que provenían de yacimientos petrolíferos ubicados debajo de la roca.

Las criaturas de Lechuguilla

Al principio, los científicos estaban muy entusiasmados por la posibilidad de estudiar la formación de esta extraña caverna. Pronto encontraron más para explorar. Diminutos seres vivientes cubren las partes más profundas de la caverna. Son demasiado pequeños para ser vistos sin un microscopio. Los científicos creen que deben haber estado allí desde que se formó la caverna.

Las criaturas que habitan Lechuguilla podrían ofrecer pistas a los científicos sobre cómo se creó la vida en la Tierra. También podrían servir a los científicos que buscan vida en Marte. Esto se debe a que las criaturas diminutas obtienen su energía de los minerales de las rocas. Si existen seres vivos en Marte, los científicos creen que obtendrían su energía del mismo modo.

Lechuguilla es uno de los secretos mejor guardados de los Estados Unidos. Sus tesoros ocultos están cambiando los conceptos fundamentales sobre la vida en la Tierra, y más allá.

Cavernas

Es hora de mirar en profundidad lo que has aprendido sobre las cavernas.

1 ¿Qué formaciones encontramos en una caverna?

2 ¿Cómo se forman la mayoría de las cavernas?

3 ¿Qué tipo de animales viven en las cavernas?

4 ¿Por qué los científicos están estudiando la caverna Lechuguilla?

5 ¿Por qué es importante ser cuidadoso al explorar una caverna?